Decir Basta
Gloria Arredondo

Gracias, gracias,
gracias a mis queridos amigos
y colaboradores en la edición
y publicación de este libro
dedicado para esas mujeres
que aún guardan silencio,
es tiempo de decir basta.

Gloria Arredondo.

INTRODUCCIÓN

La lucha por los derechos de la mujer no busca privilegios pues sus planteamientos políticos e ideológicos que abarcan toda la sociedad, éste es un movimiento político integral contra el sexismo en todos los terrenos (jurídico, ideológico y socioeconómico), que expresa la lucha de las mujeres contra cualquier forma de discriminación.

Se estima que a partir del siglo XIII se dan las primeras manifestaciones de feminismo organizado pero es a mediados del siglo XIX cuando comienza una lucha organizada y colectiva. Las mujeres fueron parte del Renacimiento y la Revolución Francesa pero siempre manteniéndose la subordinación al poder masculino. Solo cuando paulatinamente las mujeres comienzan a tener derecho a sufragio es cuando de asoma una pequeña luz de autonomía la cual aún, y a pesar del tiempo transcurrido lo logra prender con fuerza y con acciones concretas.

ÍNDICE

Cifras concretas

Se estima que entre el 35 y el 70 por ciento de las mujeres de todo el mundo ha sufrido violencia física y/o sexual por parte de su compañero sentimental o por una persona distinta a su compañero sentimental.

Las mujeres que han sufrido maltrato físico o sexual por parte de sus compañeros tienen más del doble de posibilidades de sufrir depresión.

Se estima que en prácticamente la mitad de los casos de mujeres asesinadas el autor de la agresión fue un familiar o un compañero sentimental.

En la mayoría de países donde existen datos, menos del 40 por ciento de las mujeres que sufren violencia buscan algún tipo de ayuda. Entre las mujeres que lo hacen, la mayoría recurre a la familia y a amigas y amigos y muy pocas confían en instituciones y mecanismos oficiales, como la policía o los servicios de salud.

La disponibilidad de datos sobre la violencia contra las mujeres ha aumentado significativamente en los últimos años.

Las pruebas reflejan que determinadas características de las mujeres, como, por ejemplo, la orientación sexual, la discapacidad o la etnicidad, y algunos factores contextuales, como las crisis humanitarias, incluidas las situaciones de conflicto y posteriores al conflicto, pueden aumentar la vulnerabilidad de las mujeres ante la violencia.

En 2014, el 23 por ciento de las mujeres no heterosexuales (aquellas que identificaban su orientación sexual como lesbianas, bisexuales u otras opciones) entrevistadas en la Unión Europea indicó haber sufrido violencia física y/o sexual por parte de agresores de ambos sexos, en comparación con el 5 por ciento de mujeres heterosexuales.

Mujer contra mujer.
La misoginia femenina.

De acuerdo con el diccionario de la Real Academia de la Lengua Española (RAE), la misoginia se define de la siguiente forma: "Aversión u odio a las mujeres". A su vez, odio se define así: "Antipatía y aversión hacia algo o alguien cuyo mal se desea".

Así pues, una mujer puede odiar a otra por el simple hecho de ser de su mismo género.

Mujeres que "odian" a su propio género y principalmente se da y desarrolla silenciosamente en los ámbitos laborales.

La misoginia es una aberración cultural arraigada en la segregada idea de superioridad masculina. Y cuando son las mujeres las que adoptan esta postura resulta como una suerte de contracorriente para las mujeres que luchan por la igualdad, desafortunadamente, este tipo de actos entre las mujeres crecen día con día.

Muchas veces las propias mujeres podemos llegar a ser nuestras peores enemigas. Puesto que, en lugar de apoyar, buscan desprestigiar y destruir.

Infórmate,
Puede ser vital

No es lo mismo relacionarse con una pareja machista, misógina o psicópata sub clínico.

Todos tienen características diferentes y de distinta peligrosidad latente.

Estas experiencias de vida son más comunes de lo que muchos creen.

Ayer en la noche, sentí la necesidad de preguntarle a él, porque de su distanciamiento y frialdad. Su respuesta me daba miedo, mi corazón latía rápidamente esperando lo que ya sabía y no quería escuchar. Su respuesta: "ya no siento ningún tipo de atracción física por ti ", y otras que ya no vale la pena mencionar.

Mi mundo colapso, entre en una película de horror. ¿En dónde estaba yo?, ¿Cómo no me di cuenta de los signos? Nunca exigí mucho, podía vivir con migajas de cariño, aunque no recuerdo la última vez que tuvo un detalle conmigo o una palabra dulce. Veía en su mirada coraje y repudio. Todo le molestaba de mí, mi presencia, mi forma de vestir, mi forma de hablar. No le gustaba besarme, llegue a pensar que le daba asco. Ya llevaba tiempo viendo a un monstruo en el espejo. La verdad es que estoy asquerosa. Él tiene razón, quién querría a una mujer como yo.

Casos de oculto padecimiento.

Una amiga llevaba una doble vida, su esposo era todo un caballero enfrente de los demás, un distinguido miembro de la comunidad, cortes y gran conversador. Ella, era la envidia de muchas mujeres pero que nadie sabía era que, sonriéndoles a ellas, él le murmuraba pestes a su esposa en el oído mientas sus manos marcaba en los hombros de ella. Se aseguró de hacerle creer que, si abría la boca, solo haría el ridículo porque nadie le creería, y así fue.

Otros casos, son los de dos mujeres sobresalientes por trabajadoras y profesionales que se casaron con ciudadanos estadounidenses, que las trajeron a este país. Tomaban ventaja de que ellas no sabían el idioma y poniendo trabas para que no manejaran o tuvieran acceso a sus ingresos, les fueron robando su seguridad en sí mismas y sofocándolas. Una de ellas, dijo "llegue a sentir que un insecto era mejor que yo".

Algunas reflexiones personales

He conocido cientos de casos como estos, en donde hay una sutileza en el hombre para absorber la vida misma de una mujer. Una forma tan suave que cuando menos te das cuenta, ves en el espejo lo que él ve. Dentro de todo, hay una conexión a él energética o como mencione una codependencia que a veces la confundes con amor, te hace creer que nadie más te querrá. Hay veces que no necesitan ridiculizarte o usar sus despectivas palabras, solo falta esa mirada de arriba abajo que te humilla.

¿Qué es lo que en verdad te detiene en una relación así? ¿Es miedo, porque sabes de lo que es capaz? ¿No concibes ver soluciones a tu alrededor? ¿Te manipula o chantajea? ¿te recuerda tu situación legal o económica? Por lo regular estos ofensores sutiles, tienen un complejo de inferioridad o superioridad, sintiéndose inadecuados quieren aplastar a la mujer. Usan su educación, verbo, religión, cultura, posición económica, etc. Cualquier cosa que les funcione.

Mi diario propia historia tenía pensamientos y emociones tan pesadas como el plomo. Hasta que no logre cambiar y ver la transformación que hubo en mí, pude volver a mirar de frente dicha historia. Hoy estoy convencida que no venimos a este mundo a ser infelices o amarradas con una soga en el fondo del mar, asfixiándonos. Sólo tú puedes desatar esas ligaduras.

Acepto ser mujer, no perfecta solo real.
Acepto mi voz con estruendo hacer oír.
Acepto ver y entender más allá de lo que hoy pueda observar.
Acepto mi nuevo entender.
Acepto volver a empezar.
Acepto dejarle mi alma desnudar
y en el más prohibido rincón de mi inconsciencia entrar.
Acepto ser yo misma en todo momento y en todo lugar.

Le llamaremos Ana.

A diario me enfrento con historias de terror, abuso de todo tipo, crueldad, historias que erizan la piel y revuelven el estómago. Un seguidor de mis escritos en la Bala Magazine, me envió esta historia conmovedora, en donde un hijo escribe la historia de su madre. Una mujer que vale por mil.

Como una de tantas historias de esas que nos hacen llorar por lo trágico de su contenido, esta pudiese tocar las fibras más sensibles de nuestros corazones por ser un hecho de la vida real. Al cumplir los cinco años de edad su mamá muere dejándola sola con sus dos hermanos, uno mayor y otro menor, al cuidado de su abuelita. Debo mencionar que el ser huérfano en esa época, era algo así como un delito o pecado muy grande, pues la gente de entonces era indiferente, ignorando el dolor ajeno, a veces humillante, ante una desgracia de tal magnitud. Contaba que su abuelita les hacía manojitos de manzanilla, te limón, cilantro y otras hierbitas que ella misma cosechaba en el pequeño huerto de su casa y salían a vender puerta por puerta, siendo objeto de burlas y malos tratos de la gente que se aprovechaba de "los huérfanos". Dicho esto, con desprecio, como si su sola presencia les ofendiera (así lo describía ella).

La siguiente época no fue muy halagadora. Empezó a trabajar desde muy chica (10 o 12 años tal vez), esta vez la situación cambia, pues ya no ofrecía cosas de puerta en puerta, sino trabajando en alguna casa de personas que la ocupaban como sirvienta por unas cuantas monedas. Pero, sin embargo, seguía siendo presa de las injusticias de la gente que, por ser huérfana, se aprovechaban de ella haciéndola trabajar en exceso. El abuso sexual por parte de algún miembro de esa casa, llegó a ser aún más denigrante, y de ese drama nace una niña que le es arrebatada al nacer y nunca le permiten verla. Nada podía hacer la pobre mujer que no contaba con alguien que la defendiera.

Al pasar el tiempo se traslada a trabajar a la ciudad de México, donde poco después conoce a quien se convertiría en su esposo el año de 1965. ¿Felizmente casada? Tal vez, pero no por mucho tiempo, pues su esposo era alcohólico, quien tenga a un aficionado al alcohol cerca, sabe exactamente el problema que esto significa. Como sea, ella no encontró otra opción pues "es la cruz que debe soportar la mujer, es el destino de la mujer casada" le decían.

Terminó convirtiéndose en madre de 9 hijos. ¿Los hijos son la bendición del hogar?… no en todos los casos. Ella tuvo de todo, pues cada uno tenía su modo de pensar y su forma de actuar, aunque más o menos llevaba las riendas de la casa. Trabajó y cuidó de ellos. Cabe mencionar que el cuarto niño nació con parálisis, por lo que no se valía por sí mismo desde 1971 hasta 1994. Se dice fácil, pero 23 años atendiéndolo no fue nada fácil, ocho hijos que educar, uno con necesidades especiales y para colmo un esposo alcohólico.

¿Cuántas Anas hay por ahí deambulando en este mundo? ¿Cuántos esposos están maltratando a sus mujeres en este momento? ¿Saben o tienen idea de la huella tan terrible que dejan en los niños que presencian todo esto? Peor aún, ¿saben que todo esto puede convertirse en un patrón de conducta?

Nadie sabe por dónde
se corta el hilo;
víctima o acusada.

En compañía de otras dos defensoras contra la violencia de género, tuve la oportunidad de apoyar a una víctima de abusos domésticos en la corte jurídica.

La víctima fue llamada a testificar durante casi cuatro horas, horas en las que el abogado hacía preguntas repetitivas y capciosas con la finalidad de desacreditar la integridad y veracidad de sus declaraciones de abuso. De acuerdo con ese abogado, en suma, lo que hacía cuestionable su declaración era que no recordaba exactamente cuántos segundos duró el ataque a su persona, cuánto tardaron los moretones en desaparecer y por qué no tomó fotos de los mismos como evidencia, entre muchas otras cosas más.

En mi cabeza realicé una lista algo sarcástica. En caso de que seas víctima de un asalto toma nota de lo siguiente:

-Decirle al abusador que espere
hasta que prendas el reloj para ver cuánto dura.

-Decirle al abusador que golpeé despacio
para poder contar los golpes que la alcancen.

-Sacar sus notas de la clase de física
y calcular la masa multiplicada por la aceleración
que usted experimente, para determinar la fuerza
que absorbe versus la fuerza que usted usa en contra de la de él
para averiguar de quién es la culpa
de que termine estrellada en la pared o noqueada en el suelo.

-Coleccionar las huellas dactilares
que queden en su cuerpo después del asalto
para saber con exactitud dónde la golpearon.

-No olvidar tomar fotos diariamente
de los moretones y cicatrices hasta que estos desaparezcan.

La concreción tiene más valor en la corte que las lágrimas derramadas en la corte ¿No sería suficiente con volver a abrir las cicatrices haciéndola revivir una y otra vez esa historia? Aparentemente no, el abogado del abusador lo hacía magistralmente mientras retorcía las palabras de la víctima.

Lo más extraño es que nunca he visto a un abusador declarar ante el juez con cuestiones que expliquen:

- ¿Cuánto tiempo duró su víctima paralizada por el terror en cada ataque?
- ¿Cuál fue la distancia que recorrió su víctima antes de escapar de usted?
- ¿Cuántas veces usted causa dolor y terror a su alrededor?

Las emociones se van acumulando en la corte manteniéndose hasta que llega el profundo silencio antes del veredicto. Supongo que en la mente de cada persona presente allí se comparan los argumentos de cierre que cada abogado hizo, se recuerdan las preguntas capciosas que tal vez cumplieron su propósito, las partes más dramáticas del juicio.

El juez hace un resumen de todo lo que se dijo y escuchó, realizando la evaluación antes del veredicto.

No siempre pasa, pero en esta ocasión, la justicia prevalece, y la orden de protección finalmente se aplicó.

Miedo al Juicio

Hoy entré por segunda vez después de haber escuchado la historia de una víctima de abuso doméstico, una de esas que te revuelven el estómago, que hacen tu corazón sangre al escuchar la capacidad de un humano a ser inhumano en el trato. Pensé que lo había escuchado todo acerca del abuso, pero siempre sale uno que sobrepasa cualquier crueldad conocida. Llegamos al juzgado la víctima y yo. Nos esperaba una defensora de oficio y una trabajadora social. En ese momento se tenía que decidir si solo se pedía la extensión de protección hasta que pasara al divorcio (buscando tiempo para preparar bien el caso con más evidencias) o se entraba a la audiencia con el peligro de que el juez decidiera sobre la no existencia de suficientes evidencias para extenderla, dejando así a la víctima y a sus hijos a la merced del perpetrador. La decisión dependía de los dos participantes y él, tan seguro de sí mismo, pidió que se llevara a cabo la audiencia.

Antes de entrar a la sala de juicio, la víctima temblaba y evitaba a toda costa ver a su maltratador, quien llevaba a un acompañante muy intimidante. Antes de entrar, yo estaba a punto de enfrentar uno de mis miedos. Entré, respiré profundo y me di el lujo de ver cara a cara a ese abusador.

Antes de que el juez viera este caso de abuso doméstico, atendió durante mucho tiempo uno de de custodia que llevaba en distintas cortes de justicia por más de siete años. Se me volvió a revolver el estómago al escuchar los argumentos de los abogados indicando como el padre o la madre no estaban preparados para ser padres, desacreditándose con historias del pasado a la vez que presentaban informes de doctores, terapeutas y diversas cartas de gente relacionada con sus vidas. Solo pensaba en el dinero y recursos que gastaban para hacerse pedazos, una asquerosa pelea de egos. El único que tomó una decisión por el pequeño fue el juez y ninguno de los participantes estaba feliz. Esta pelea de custodia resultó también de violencia doméstica siete años atrás. Las alegaciones de este matrimonio quebrado, estaba dando ideas al abusador del otro matrimonio y su abogada hacia notas de último momento.

Regresando al caso inicial, las dos partes presentaron sus argumentos y entre ellos el abusador dijo que su esposa buscaba arreglar papeles levantando falso testimonio, para poder tramitar una visa U. Bendita la inteligencia del juez que supo leer entre líneas el horror, terror y la verdad en la declaración de esta mujer que comenzó a llorar de indignación por las cosas que decía su esposo. A mí se me derramó alguna lágrima, aun así, deseaba me dejaran el micrófono para testificar a su favor. Al final, se hizo justicia y la orden de protección triunfó. Fue la primera victoria de una mujer valiente que le queda un largo camino por recorrer, pero con un buen comienzo.

El Monstruo Asecha

En el pasado verano estuve en New York. Por las tardes, cerca de las 6 p.m. había multitud de gente por la calle. Unos saliendo de sus trabajos, otros entrando. Había tal el gentío que era imposible no rozarse, incluso llegando a empujarse. Era muy difícil alcanzar la orilla de la acera para pedir un taxi. Era sofocante y la gente caminaba como zombis. Las estaciones de tren estaban al máximo de su capacidad. Parecida experiencia es visitar la cuidad de Los Ángeles. ¿Puede usted imaginar combinar los habitantes de Nueva York y Los Ángeles? son casi 12.7 millones de personas y saber con certeza que cada una de esas personas es abusada físicamente, violada sexualmente, o acosada por su pareja íntima. No tiene que imaginar lo que es una realidad. En Estados Unidos de América del Norte tiene el índice más alto homicidios por violencia doméstica que cualquier otro país industrializado. Una de tres mujeres será abusada durante su vida. Tal vez estas cifras no tienen mucho sentido para usted porque están distribuidas por un país muy extenso. De 100 jovencitas adolescentes entre 14 y 15 años, 15 de ellas están en relaciones abusivas. Además de haber 25 asaltos sexuales cada 10 minutos en este gran país.

Hablemos de Utah: en 29 condados se responden 44,000 llamadas de auxilio reportando violencia doméstica y se facilitan 100,000 noches de albergue de emergencia. En Utah el 42% de los homicidios lo son por violencia doméstica.

La más triste estadística es que el año pasado; 80 niños en Utah fueron testigos de la muerte de su madre o intento de asesinato a manos de su pareja. (National Violent Death Reporting System).

¿Cómo se puede erradicar este problema social y mundial? Me encantaría tener una fórmula, pero reconocer la realidad y crear conciencia del alcance del problema es el primer paso. Un desmantelamiento de las creencias y opresiones sistemáticas del patriarcado, del racismo, del capitalismo en gobiernos, cortes judiciales, escuelas, religiones, instituciones, o reduciendo el entorno a familias, amigos y conocidos. Pero lo más importante y pro activo es comenzar el cambio por uno mismo.

**Escollos que conspiran
con el cambio.**

¿Cómo cambiar las estadísticas que un juez tiene de que el 50% de órdenes de protección son para manipular un divorcio? ¿Cómo cambiar que más del 65% de víctimas no son representadas en corte? ¿Cómo cambiar que es un derecho constitucional el derecho a la custodia de un padre que abusa su hijo, no haciendo válidos los derechos humanos del niño? ¿Cómo cambiar que la Suprema Corte considere que en medios sociales se aplique la primera enmienda -libertad de expresión- y los sociópatas se salgan con la suya? ¿Cómo explicar a los responsables religiosos que hay matrimonios que no deben tratar de salvarse? ¿Cómo hablamos a nuestros hijos de relaciones saludables cuando no han conocido ninguna?

Esta lacra denominada violencia doméstica es un monstruo, pero un monstruo que no está tan lejos de arrancarle una hija, un hijo o un ser querido.

(Nota: Datos y estadísticas presentadas por varios participantes de la conferencia anual de Utah Domestic Violence Coalition.)

Un oscuro sendero

De vez en cuando te da una sonrisa forzada, con los labios tensos y los dientes rechinando. Si buscas sus ojos te esquiva.

Teme decirte lo que todo su ser con terror grita. Si te quedas esperando escuchar su silencio, verás como de escalofríos se estremece. Su alma está paralizada, un cuerpo que es su tumba. Está contaminada de un parásito que infecta hasta las células y no fluye la vida. Sus síntomas: espesa neblina en el cerebro, palabras que retumban "no vales la pena", las pupilas cubiertas de obscuras mentiras, parpados inflamados deteniendo inminentes diluvios; dientes despostillados por detener como presa un "auxilio" a quien pasa cerca cada día; la garganta obstruida de constantes actos de asfixia. ¿El corazón? Ah, ese está en estado putrefacto, incinerado, o ya no existe. El esófago lacerado por hirientes palabras ácidas. El estómago, reducido por un hueco que dejaron tiempo atrás las mariposas. La vagina, fuente de vida convertida en la peor tortura. ¿Sabes de qué parásito hablo? Del miedo que un monstruo inyecta en su víctima, al violar su identidad y robar su voluntad de ser, existir o disfrutar la vida.

Una confesión
y sé que la de muchas.

No siempre fui obesa, gracias a la retrospección que vengo practicando desde hace unos siete años y la ayuda de una psicóloga, recordé que fue lo que apretó el gatillo que hizo disparar a mi peso, como se desarrolló ese evento junto a las circunstancias que concurrieron alrededor de éste. Sé lo que tengo que hacer para bajar de peso, pero todo se encuadra bajo unos determinados términos, los míos propios. Comentarios como: "deberías bajar de peso por tu salud" "eres hermosa, si tan solo bajaras de peso" "deberías quererte más" " me preocupas" o tantos otros, ya me los hice yo. Cualquier ser obeso no los necesita escuchar. Nos vemos en el espejo y, créame, podemos ser más duros que usted.

Recuerdo haber llorado un día cuando comprobé que no me quedaba bien el vestido colgado en el aparador de una boutique o cuando me escondía a comer antes de que mi juez principal llegara a cuestionar tanto lo que comía, como cuanto comía o, incluso, la hora a la que lo hacía. Empecé y terminé miles de dietas dejándome el sabor de la derrota después de cada una de ellas. Dejé de mirarme al espejo porque veía aquello que veía la persona que debía amarme incondicionalmente. Es decir, un monstruo. En fin, un día desperté y me quise. Y, a la vez, intenté seguir queriéndome desde ese día, sin esperar hasta bajar esas 10, 20 o 30 libras. Comprendí que la única que debía amarse incondicionalmente era yo.

Me costó años gustarme y quererme. Fueron pequeños ejercicios, desde oler profundamente el aceite que pongo en mi pelo, depilando y lubricando a diario mi piel, cuidando mi sonrisa, usando diferentes fragancias que me hicieran disfrutar de mi propio aroma. Parece ridículo, pero el primer romance debería ser siempre con uno mismo. Uso la ropa que quiero, puedo lucir una bata india como un vestido de gala o un abrigo de leopardo. Mientras me guste la tela, los encajes o las sedas, me siento bien, independientemente de lo que la gente vea debajo de ese ropaje.

Algún día dudé que un hombre me tomara alguna vez en serio porque la corteza visual del hombre está mucho más desarrollada que la de la mujer y se inclinan más por lo que ven. Un día, un amigo me dijo que cuando entro a un lugar con mis amigas bellas, estas me eclipsan y otras personas también me aconsejaron que fuera menos profunda en mis conversaciones. Son tantos los consejos porque muchos, casi todos, en realidad no me ven. Pero rechazo ser menos auténtica, no pretendo acomodar la incomodidad de los que se acercan a mí. Soy lo que ven y nada más.

¿Por qué les platico sobre mi peso? Porque me costó lágrimas de sangre desaprender lo que la sociedad cree saber sobre las personas gordas, más aún cuando se trata de niños. La Primera Dama fomentó un gran programa de con-cientización sobre la obesidad en las escuelas, pero ¿qué hay de la protección a los niños contra el "bullying" del peso? Antes de forzar a un niño o jovencito a adelgazar, pregúntese cuáles son sus intenciones para con el niño y, si usted es su "bully" ¡pare inmediatamente!

Puede que se haya convertido en un abusador emocional si usted acosa al niño con el peso, si le llama apodos despectivos, si lo ridiculiza por comer y más si es delante de otra gente, si le critica sobre cómo le queda la ropa, incluyendo también todas las cosas que le puede estar diciendo con su lenguaje corporal. La semana pasada lidié con tres casos de abuso emocional a sendos jovencitos por su peso. Usted no tiene idea de la dimensión y daño que causan esas palabras. Antes de un dietista para su hijo o hija obesa, se debe realizar terapia emocional tanto individual como familiar para, después, hacer un plan donde todos se apoyen.

Querido lector hay cosas peores que estar gorda. Hay fealdad que no se quita y por lo regular ésta se encuentra en la gente sin alma y en los enfermos sociales incapaces de sentir remordimiento por los daños que causan. Busque profesionales para ayudar a sus hijos, no solo en su peso, sino en cualquier inseguridad o problema emocional. Sobre todo, respete a su hijo, son muchos los jóvenes que se están suicidando porque no se sienten escuchados y comprendidos.

Un día conmigo misma

Bueno, este comenzó desde ayer noche. Tuve un tiempo conmigo misma, sin conversaciones sólo el silencio de mi mente y un "reggae" bajito.

Hoy salí a la calle sola como hago lo más seguido que puedo. Una de las tantas cosas que hice fue ir al cine y pude conectarme a la historia en la gran pantalla.

Parte de la historia relataba la vida de una madre soltera que sobrevivió abuso intrafamiliar, pero que vivió dándole buena cara a la vida y dejando aprendizajes profundos a sus pequeños. Esta madre enferma tiene una reflexión antes de morir, fue madre y esposa, pero no vivió lo suficiente siendo "ella". No tomó el volante de su vida y fue sólo pasajera. Esta mujer muere en la película a sus 45 años y aunque fue sólo un personaje de una mente creativa, a mí me tomó 35 años llegar a esa reflexión.

Me di cuenta que fui pasajera de muchas personas, creencias, cultura, etc. Llevo 5 años encontrando a mí "yo", aunque este proceso puede tomar toda una vida. El despojarse de lo que viste al "yo", es una dolorosa metamorfosis.

Salí del cine y me senté en restaurante para escribir. Me rodeé de gente y por primera vez sólo percibí el jazz y no lo sentí. Estaba teniendo una conversación conmigo sobre mi presente, el cual fue preparado por un pasado que volvería a vivir sin cambiar nada. Muchos dicen que no debemos pensar en el incierto futuro porque causa ansiedad, otros dicen que tenemos que tener una meta de enfoque. Y lo que he decidido es vivir siendo "yo" al recorrer lo que tenga de vida con mi cubeta llena de sueños.

Algunas cosas que están en esa cubeta es seguir escribiendo al hombre de mis sueños, visitar Lousiana y vivir días escuchando jazz en vivo, visitar la Gran Manzana, ver desde el pie de la Torre Eiffel sus luces y llorar al ver un mimo; vivir las historias de mi novela; pararme a la orilla del Gran Cañón, mojarme con vapor en Yellow Stone, caminar y acostarme en tierra roja de parques Nacionales de Utah, presenciar una ceremonia indígena, visitar la India y meditar en sus templos, caminar descalza y acariciar un elefante. Votar en el país que nací por lo menos una vez en mi vida. Y hacer todo esto viendo los amaneceres y atardeceres en diferentes partes del mundo, bailar y llorar bajo la lluvia, buscar lugares en donde pueda gritar hasta perder la voz por días, acampar por días en un bosque, pasar despierta una noche entera a la orilla de una playa, etc.

Un día una persona muy sabía me pregunto si pudiera describirme con una sola palabra, ¿cuál sería? Conteste, "justicia". Ella me explico que para ser justicia tenía que vivir la injusticia. La verdad que tenía sentido. Sin embargo, como tengo el volante de mi vida en las manos... Cambio mi palabra por "libertad". Para "ser" libertad, he vivido en cautiverio en miles de formas (miedos, por personas, pensamientos limitantes, etc.)

¿Se escucha como desfachatez lo que escribo? Puede que lo vea desde su perspectiva de forma diferente. Lo que sí sé es que "ser" y sin remordimientos, es lo mejor que puedo enseñarles a mis pequeños. Al igual que ser más compasiva conmigo misma y aceptarme tal como soy. Y el vivir así, habrá valido la pena cada minuto de vida.

Alguien me preguntó, ¿cómo piensas conseguir ser "libertad"? Contesté, no lo sé, pero un hermoso guía en mi vida me dijo: "la tierra no sabe cómo hacerse montaña; el aire no sabe cómo soplar; el árbol no sabe cómo es que crece desde una semilla; el sol no sabe cómo brilla". Así mismo sin saber... Llegaré a ser "libertad".

Mi historia, mis zapatos

Hace unos días, caminaba deprisa para conseguir llegar a tiempo a un evento. La amiga que me acompañaba cruzó la calle sin pulsar el botón del semáforo y sin esperar a que cambiara para así cruzar legalmente la calle, gritándome que hiciera lo mismo como única manera de llegar a tiempo. No pude. No pude quebrar una ley de tráfico. Y pensé en las muchas veces que en mi vida me han detenido las reglas: cívicas, religiosas, morales, laborales, éticas, familiares, culturales o las propias. Estudié ingeniería por alguna razón. Una carrera definida por leyes físicas, termodinámicas, atmosféricas, etc. Cualquier diseño está restringido por esas mismas reglas y, las líneas que lo definen, tienen demasiada importancia. Entonces me pregunté si algún día llegaríamos a ser completamente libres para conseguir comportarnos al 100% como el individuo humano que fuimos diseñados.

Tiempo atrás Amora Freeman-Floyd, activista contra del abuso doméstico, hizo una invitación a la comunidad latina para participar en una muestra de arte con sobrevivientes de violencia doméstica. Estas tenían que contar su historia a través del arte, realizando esculturas en zapatos representación de su travesía por la violencia. La firma de abogados Bighorn Law donó todos los materiales necesarios, ocupándose de la participación de mujeres valientes dispuestas únicamente a sanar.

Cuando se me entregó un lienzo en blanco y sin reglas, no sabía qué hacer. Consideraba mi historia sanada, pero dentro de mí también había historias de otras mujeres que contar, como la de mi hija o todas aquellas que se cruzaron en mi vida con historias similares. Empecé pintando un abdomen, al tratar de igualar el color de la piel, sumergí los dedos en diferentes tonos de rojos, amarillos, anaranjados y blancos. Recordé que una de las heridas más grandes fue al desprender del estómago la habilidad para sentir mariposas dentro de él, esas mariposas cuyo cosquilleo provocaba la chispa en los ojos y unas mejillas rosadas. Perdí la frescura de la ilusión en el amor. Y esa herida aún no ha cicatrizado. Después pensé en todas las otras mujeres marcadas por generaciones en mi familia y en la de otras. Terminé llorando cuando finalicé esta primera obra al igual que el resto de las participantes. No terminaremos siendo Picasso, o incluso tendremos piezas que no se entenderán, pero sin duda son historias genuinas y muy sentidas.

Cada zapato representaba las historias de otras víctimas. Por ejemplo, con el denominado "caminando sobre cascarones" ¿quién no se sentía caminando sobre cascarones o vidrios para no decir la palabra que lo hiciera enojar? Vivir en violencia doméstica es como vivir en un infierno. Con el del "Te debo" ¿cuántas veces no se le echó en cara un techo, la comida, la buena vida que se le daba y que, por eso, siempre estaría en deuda con el agresor? Y el del zapato de acero, alguien que se hizo lo suficientemente fuerte ya que solo de acero podía sobrevivir y cambiar otras historias. También había zapatos de niñas que quebraron el zapato de su padre y zapatos de bebé, cuando se enfrentaban a los gritos del abusador. Cada obra fue única y se conseguía que, aunque nunca se hubiera sido víctima, se sintiera algo con cada una de las historias por las emociones que estas trasmitían.

Todos los participantes concluimos que, a través del arte, donde no hay un bien o un mal, donde no hay juicios (y se tiene que dejar a un lado el de uno mismo) se pueden vivir momentos sin reglas y sanar a un nivel muy profundo. Si consiguiéramos extender esos momentos de vivir "libres" todo el tiempo...

Los invito a ver la exposición de arte en alguno de los lugares ya mencionados. Tal vez sea un arte poco comprensible y es que nadie entenderá jamás al completo el proceso de abuso, a menos que se ponga en los zapatos de la víctima.

Por qué soy activista.

Hace algún tiempo que escribí sobre mis sentimientos al ser llamada activista. Entonces, sentía que conlleva una consideración negativa al relacionar el activismo con la pertenencia a un grupo que hace uso de violencia para apoyar una causa. A mí no me gusta "pertenecerle" a nadie, no me gusta sentirme encajonada por la membresía que conlleva ese tipo de requisitos, tampoco la convivencia con solo un grupo de personas determinadas. Mucho menos, me gusta el uso de la violencia.

Siempre fui una niña muy pacífica, ciertamente platicona en mi niñez y sumamente callada en mi adolescencia. Al llegar a los Estados Unidos, como algunos sabrán al haber leído mi historia por aquí o en mi libro Esencia, fui víctima de "bullying" de todo tipo por ser inmigrante y no saber el idioma. Fueron dos años de tortura, pero logré salir de eso al enfocarme en graduarme antes de tiempo, a mis tempranos 16 años de edad. Tampoco fue una historia agradable ser la única mujer en mis clases de ingeniería. Pero con 21 años pasé del politécnico de San Luis Obispo a California State University Northdridge.

Esta universidad tenía un departamento de estudios Chicanos muy fuerte, mi enfoque fue la mujer tercermundista. Tuve profesores que enseñaban con pasión y allí fui aprendiendo los fundamentos sobre la injusticia social. En mi proyecto de graduación tenía que encontrar un problema de ese tipo y que fuera poco evidente ¡Vaya que si lo encontré! Vivía en el condado De San Fernando, California y veía en cada esquina niños de aproximadamente 9 años de edad vendiendo cerezas, naranjas o elotes. Me dio por parar y platicar con ellos mientras consumía sus productos. Por supuesto, iba a diferentes locaciones en un área muy extensa y descubrí que había grupos de niños que mantenían sus hogares en Puebla -México- haciendo este trabajo. Por la mañana, vivían en casas donde cocinaban lo que, más tarde venderían, siendo depositados en diferentes lugares para realizar esas ventas por las tardes, hasta cerca de las 8 pm que los recogían. Los hombres que les hacían su carrito, que proveían el producto y que pagaban para que cruzaran la frontera, se convertían en los dueños de estos pequeños. Los mantenían endeudados, aunque estos chicos sí que podían enviar algún dinero a las familias. La distribución de estos vendedores callejeros era una mafia que cubría una gran área geográfica. Las historias de estos pequeños eran muy tristes y mi tesis final incluyó alguna de estas. Mi deber moral al final de la investigación fue involucrar a las autoridades con la ayuda de mi profesora. Me dolió el alma al no saber si hice más daño a estos pequeños que un bien.

Con el tiempo llegué a ser madre de una niña y un niño, que tuvo problemas de salud desde que nació. Afortunadamente tenía el mejor seguro médico que existía y cubría los tratamientos y operaciones. Entre cirujanos, neurólogos y en las secuelas de los servicios especiales, conocí madres latinas que recibían diagnósticos para sus pequeños que no tenían sentido. Empecé a involucrarme en los casos de muchos pequeños, por ejemplo, una niña de dos años lloraba sangre y el neurólogo decía que era normal. Este caso, era obvio la poca voluntad de aquellos profesionales. Empecé a enseñar a estas madres a pedir segundas opiniones, a contactar a servicios sociales y sobre todo a UCLA. Dos de los cirujanos de mi hijo, muy reconocidos ambos, fueron los mejores aliados. Uno de ellos me informaba cuando un bebe nacía con el paladar hendido para que, desde muy temprano, supieran los progenitores el proceso de recuperación. También visitaba a los padres de familia latinos que tuvieran a sus pequeños en cirugía, preguntándome, el Dr. William Starr, porqué hacía eso. Mi respuesta fue que sabía bien cómo se siente una madre al tener a un hijo debajo de un bisturí.

Años después me mudé a Utah. La vida me volcó, termine tocando fondo y empezando una nueva vida. Empecé a tratar con mujeres cuya historia era parecida a la mía. En ese momento pensé: si yo ya atravesé el infierno, porque no hacérselo más cortó a alguna otra. No es difícil, a veces solo es dar un abrazo, sostener una mano, traducir, pensar por alguien a quien el dolor no le permite ni hablar. Son, en la mayoría de las ocasiones, cosas pequeñas pero que consiguen hacer una gran diferencia. Lo digo porque también tuve algún que otro Ángel femenino durante mi proceso.

Hoy por hoy vivo bajo una pesadilla. Me giro hacia un lado, y veo caos, me vuelvo hacia el otro y está igual. Si usted me pregunta si soy activista, le contestaré que depende del significado que usted le dé. Wikipedia dice que activismo es una "dedicación intensa a una línea dada de acción en la vida pública, ya sea en el campo social, político o religioso." También se entiende por activismo la estimación primordial de la acción, en contraposición al inmovilismo.

Y yo no sé estar quieta. Es muy importante para mí que se le reconozca el valor a las mujeres, que no vivan bajo abusos de cualquier tipo, me importa la salud de la mujer latina que muchas veces no tiene los medios económicos suficientes para pagarlo (El recorte de fondos del Plan Parenthood para quienes se hacían exámenes como el Papanicolaou, prevención de enfermedades venéreas y anticoncepción ha sido muy importante y era vital) Me importa que todos los violadores sean castigados y las cajas con las evidencias sean puestas al día todo el tiempo. Me importa el tiempo de procesamiento con las órdenes de protección que, a veces, no sirven y, por consiguiente, esas mujeres mueren a manos del abusador. Me importa que las escuelas no reconozcan, o hagan la vista gorda, cuando algún niño pequeño muestra algún problema de aprendizaje y pase a no ser diagnosticado dentro del espectro de autismo, con problemas de habla o dislexia entre otros. No busco solamente una definición para esos niños, sí que se los provea un ambiente y servicios que ayuden a sobrepasar sus limitaciones convirtiéndose en buen estudiante y que, si no tiene los recursos para asistir a la escuela, se los envíe con quien por derecho sí podría hacerlo. Me importa que se pague cinco veces más por un privilegio para manejar que un ciudadano. Me importa tener que pagar más impuestos para que, alguien que no nos reconoce como contribuidores a la economía de este país, construya un gran monumento a su propia estupidez. Me importa que no se tenga derecho a un retiro cuando se es viejo mientras que se han dejado los mejores años en los peores trabajos. Me importa, me importa, me importa usted.

Su historia es lo que es, pero es un deber aprender de ella y saber que el mundo no gira a su alrededor, que es parte de una comunidad, y que la sociedad lo necesita involucrado en el porvenir de los suyos, en de otros y en el suyo mismo. Se vivirán, de hecho, ya se viven, persecuciones por género, estatus migratorio, práctica de religión y espero que no llegue la cacería de nuestros "DREAMERS." ¿Y si es de los que pregunta para qué hacer las marchas? Yo fui a una con un rótulo que decía: Los indocumentados pagan impuestos ¿y usted?

Fue mi manera de educar de una sola vez y a cientos de personas que estuvieron allí tomando fotos de la pancarta. Educar es el activismo más eficaz. Cuando escuche la llamada de aquello que importa, atiéndela y diga no al inmovilismo.

Una necesaria conversación;
tu vida misma

¿Sabes cómo era el ambiente físico y emocional antes y después de que tus padres te dieran la vida? ¿Cómo era su trato entre ellos y hacia ti?, ¿eran cariñosos? ¿Hay algo que resientes durante tu crecimiento? ¿Te hubiera gustado vivir otra vida diferente (situación económica más favorable, más tiempo en familia, etc.) ?, ¿Cuáles son los "hubiera" que rondan en tu cabeza?

Con cada evento vienen emociones, hay cientos de ellas. Muchos embotellan a presión todas esas emociones que a veces escapan en comportamientos que afectan nuestro entorno. Si no hay un escape saludable, habrá un escape violento e inesperado, la explosión provocará daños irremediables para la persona que explota y los que están a su alrededor.

¿Cómo liberas tus emociones (enojo, tristeza, duelo, ira, inseguridad, etc.)? ¿Cuantas veces te encuentras gritando al día? ¿Hablas con moderación todo el tiempo? ¿Te percatas si lo que dices hiere a otro? ¿Te importa si lo haces? ¿Sientes remordimientos si lo haces?, ¿Qué tan seguido pides perdón o disculpas? ¿Olvidas rápidamente si alguien te provoca emociones? ¿Por cuánto tiempo guardas rencor? ¿Buscas venganza si alguien te ofende? ¿Con quién desquitas tu coraje? ¿Las personas a tu alrededor te tienen miedo o respeto? ¿Ingieres sustancias tóxicas/no tóxicas para calmar tus estados de ánimo? ¿Qué sientes cuando lo haces? ¿Te adormecen los sentimientos? ¿Te relajan? ¿Recuerdas lo que haces cuando ingieres estas sustancias?, ¿Hablas de tus sentimientos con alguien? ¿Usas la fuerza física para sacar tus emociones? ¿Te importan los sentimientos de los que te rodean? ¿Preguntas seguido a personas sobre sus sentimientos? ¿Te importan? ¿Qué te gustaría cambiar sobre tu persona? ¿Estás en paz con tu comportamiento? ¿Reconoces qué papel juegas en la vida de otros? ¿Tú conciencia está tranquila? ¿Si alguien te irrita con su presencia, se lo dices o actúas sobre este sentimiento? ¿Te alejas o dejas alejar a las personas que te molestan? ¿Disfrutas teniendo el control no sólo de tu vida, sino de los demás? ¿Eres una persona celosa y posesiva? ¿Puedes reconocer estas cosas en ti? ¿Qué tan honesto eres contigo mismo y otros?

Con cada pregunta, invita a tu subconsciente a hacer un auto diagnóstico. Usualmente lo primero que viene a tu mente es tu subconsciente, si empiezas a razonar, hacer excusas o disculpar comportamientos, tu subconsciente ya no está en control, sino tu mente. Mi propósito no es entenderte o entender tus acciones. Mi propósito es hacer que veas tu interior, despertar tu conciencia y veas que lo que hay dentro de ti, afecta más que tu propia vida, afecta a terceros.

Eres parte de un Universo, país, pueblo, comunidad y familia, tus acciones tienen un efecto en la humanidad, aunque tú no lo creas. Si eres honesto(a) y descubres que maltratas, haces daño, hostigas, sofocas y provocas que otro ser humano no quiera existir, entonces estas contribuyendo al deterioro de la humanidad. El hacer preguntas despierta conciencias, sólo tú puedes parar, cambiar y enmendar tu comportamiento. Recuerda que la única vida de la que puedes disponer, es de la tuya.

**Si eres una víctima o victimario de abuso intrafamiliar,
busca la ayuda apropiada.**

Desarrollo de un proceso
de investigación por violación sexual

-Detective ¿Me puede ayudar a entender el proceso en caso de una violación? Después de la llamada al 911 ¿qué ocurre?

- "Cuando hay un reporte sobre una violación se le dice a la mujer que vaya al hospital donde se llamará a una enfermera forense que, tras examinarla, emitirá un informe al respecto. Si por alguna razón, el hospital no pudiera hacer esa llamada, el oficial solicita a su departamento que la haga y la enfermera forense acudirá a realizarlo junto al que también hará para la policía. La enfermera forense se encarga de colectar todas las evidencias, ya sean fotos, ropa, líquidos, etc. Al tener toda la evidencia, la enfermera forense la pone en una caja que entrega a la policía con el número del caso, a esta caja se la denomina "rape kit". El Oficial la deposita en el cuarto de evidencias para después ser llevada al laboratorio donde se estudiará y se podrá extraer el ADN (DNA)"

-"¿Se puede pedir que sea una mujer oficial quien haga el reporte?

-"Si hay una mujer policía, la víctima puede pedir que sea una la que lo realice. Sin embargo, la mayor parte del tiempo, los únicos disponibles son policías varones, siendo ellos los encargados de realizarlo.

-¿Cuántas veces tendrá que repetir la historia la víctima y a cuántas personas? ¿A quiénes? ¿Saben ustedes cuando una declaración de ese tipo es inventada?

-"Es posible que la víctima tenga que repetir lo que la pasó varias veces, bien sea a la enfermera forense, al Oficial que la tome declaración, a la defensora de víctimas (victim advocate) o también al detective que deba investigar el caso. Más tarde o más temprano, será necesario que también lo tenga que hacer en la corte.

     También hay la posibilidad de que sean declaraciones falsas, pero, cuando eso pasa, se descubre durante la investigación antes de que llegue a las manos del Fiscal del Distrito."

- ¿Después de elaborar el reporte, ustedes cuestionan al agresor? -

-"Después de que el detective entreviste a la víctima, hace lo posible para también hacerlo con el sospechoso, quien no está obligado a hablar con la policía, como usted sabe. Un sospechoso de cualquier crimen, aquí en los Estados Unidos, tiene los derechos de Miranda. Después, el detective presenta el caso al Fiscal de Distrito y es ahí donde deciden con qué clase de cargos van a imputarlo."

-"¿Qué hace después el Fiscal de Distrito con las evidencias?"

-"Cuando se tienen evidencias incontestables en contra del sospechoso, él determina los cargos para ser presentados en la corte."
--"¿Es entonces cuando se arresta al sospechoso?"-

--"El sospechoso puede ser arrestado en cualquier momento que el caso sea firme."

-"¿Y por qué no desde el principio?"

- "No hay necesidad si no existe un peligro inminente para la población, o si se le buscó y no se dio con su paradero o se rindió y acordó presentarse más tarde cuando se le llamase."

- ¿A quién se le ofrece la posibilidad de fianza?"

-"Se ofrece a todos. Cualquier sospechoso es inocente hasta que sea encontrado culpable en la corte."

El proceso médico hospitalario

Para entender más el proceso de lo que vive la víctima en el hospital, adentremos en la caja de evidencias o "rape kit", información proveída en surviverape.org:

-La víctima deberá buscar el tratamiento dentro de las primeras 120 horas tras ocurrir el asalto.

-En el hospital indicado la enfermera forense explicará paso a paso lo que va hacer para que la víctima se sienta bajo control. Se la advertirá que el examen se llevará a cabo ininterrumpidamente durante varias horas y con la caja de evidencias siempre bajo supervisión.

-La ropa que llevaba puesta, incluyendo la interior, será una de las evidencias.

-La víctima narrará los hechos para que la enfermera forense determine en que partes del cuerpo podría haber evidencias.

-Se hará un examen físico completo, se curarán laceraciones y quebraduras de huesos.

-Se buscarán evidencias en la boca de la víctima y en la cavidad vaginal y anal, además de las que pudieran encontrarse en el resto del cuerpo.

-Si hay señales de que fue drogada, se harían análisis toxicológicos que también firmarán parte de las evidencias.

-Si no quiere hacer la denuncia judicial después del asalto es importante que aún se haga el examen del abuso sexual en el hospital y podrá demorar hacer el reporte por seis meses y aún pedir una extensión si no está lista para pasar por todo este lamentable proceso. Si no pide esa extensión después del sexto mes, la caja de evidencias será desechada.

En total son dieciséis pasos los que se realizan hasta completar la caja.

Si usted es una víctima de una violación sexual, le aseguro que por grotesco que sea el proceso denuncie el crimen, porque tal vez la arranquen la piel con cada cuestionamiento, quizá su alma se verá arañada en cada ocasión que se dude de su palabra e integridad, pero nadie, absolutamente nadie, le desnudará de la verdad. No importa el nivel socioeconómico, eclesiástico y el estatus que tenga en la sociedad de popularidad su agresor, el que cometió el crimen contra su persona deberá ser traído ante la ley. Tampoco importa cómo vestía, el ambiente en el que se encontraba, no hay ridículos códigos de honor que usted haya quebrado, al usted decir "no" o estar inconsciente, no hay más que argumentar.

Debido a lo delicado del tema en este tiempo de turbulencia en la comunidad, aclaro que el contenido de este artículo es puramente educativo, sin la intención de agraviar a nadie. Mi deber ético y moral como defensora de la mujer víctima de abuso es educar, e instar a otras mujeres a denunciar cada crimen que las implique.

Algunas reflexiones finales que hay que aprender

Desde el inicio de una relación se deben considerar las diferencias intelectuales, sociales, espirituales, emocionales y la compatibilidad física. La forma en que se mantenga el equilibrio por medio de compromisos de estas áreas son críticas para el bienestar de una relación. Cuando no hay compromiso el deterioro de estas relaciones son rápidas y a veces se convierten en destructivas.

No conocerse a sí mismo, lo que quiere, le gusta, siente, le enfada, incluyendo lo que le trae placer.

Comunicación destructiva o no existente. La comunicación incluye la crítica, desprecio, a la defensiva y evadiendo.

El ego, el querer siempre poner el yo primero, sin consideración a los sentimientos del otro.

No dar tiempo de calidad.
No crear espacios de intimidad.
No ser agradecido y dar crédito a las pequeñas acciones del otro.
Manipulación con el sexo.
Machismo (pensar que la mujer es menos que...)
Maltrato físico, emocional, psicólogo, verbal, etc.)
Celos (sentimiento de pertenecía obsesiva)
No respetar la individualidad.
No aceptar la naturaleza de su pareja, siempre estar deseando que cambie algo.
No escuchar atentamente
Problemas económicos.
Traiciones.
Hábitos higiénicos, alimenticios, etc.
Problemas con los hijos (división de autoridad)
El sentirse inadecuado al lado de tu pareja.
Buscar victoria en los problemas, antes de pensar en restablecer tu relación con armonía.
Si no se demuestra un interés genuino por el bienestar del otro.
El tener más miedo que respeto al otro.

Cuando la intolerancia
no es una postura negativa

Soy intolerante

Soy intolerante...
Soy intolerante a la mentira,
porque hiciste de mi mundo y mundo irreal uno irreal.
Soy intolerante al engaño y traición.
Soy intolerante a la humillación...
porque me hiciste dudar de mi valor como persona.
Soy intolerante a que quiten la opción de decidir.
Soy intolerante a que menosprecien,
porque dudé de mi potencial.
Soy intolerante al abuso de poder.
Soy intolerante a la opresión...
porque nací libre de pensar, sentir, escuchar y hablar.
Soy intolerante a los golpes y palabras ultrajantes.
Soy intolerante al amor conveniente o a medias.
Soy intolerante a la injusticia,
porque nadie es dueño de disponer,
afectar, malograr otra vida.
Soy intolerante a la manipulación,
porque usaste el miedo y la intimidación para manejar mi vida.

Hay más de 5 millones de personas sufriendo abusó intrafamiliar y 4 millones son mujeres; demasiadas y demasiado el tiempo ha pasado y en poco y nada se ha avanzado. La lucha seguirá siendo grande y ahí estaremos hasta que cada mujer eleve su alma al igual que un fuerte rascacielos de acero.

Rascacielos

Corazón de cristal pulverizado
Bajo la suela de su zapato
Sollozos y gritos al quebrarlo
No escucho o miro hacia abajo

El alma como papel
En su puño arrugo
Votándolo como si nada
Él se alejó

De la nada y del polvo
Se vuelve a vivir
De un papel arrugado
Un rascacielos puede surgir

El cuerpo es un templo
El espíritu guarda
El mío es un fuerte
Que mi corazón protege

Soy un rascacielos
Con soportes de acero
Paredes de cristal
Más no del qué se puede quebrar

La transparencia
Es mi ventaja
Veo por dentro y por fuera
Se lo que me espera

Aprecio la belleza en mi andar
Veo con claridad mis costados
Por la espalda
No me volverán a dar

Se quien se acerca
Escojo quien entra y se queda
A otros dejo marchar
Y hay quien en la puerta hago esperar

Ya no soy papel arrugado
O polvo de corazón destrozado
Erguida entre la gente
Transparente rascacielos de acero me llamo.